Inhalt

Prozessorientierte Organisationsentwicklung mit Hilfe von IT

Kernthesen

Beitrag

Fallbeispiele

Weiterführende Literatur

Impressum

Prozessorientierte Organisationsentwicklung mit Hilfe von IT

M. Westphal

Kernthesen

- Signifikante Optimierungspotenziale bestehen in der Beschleunigung der Geschäftsprozesse mit Hilfe der IT.
- Vor der Investition in teure IT-Tools müssen die Geschäftsprozesse optimiert werden, denn nur eine auf Geschäftsleitungsebene sorgfältig geplante Organisations- und Geschäftsprozess-Struktur kann Synergieeffekte und damit Kosteneinsparungspotenziale sicherstellen.
- Gewohnte Strukturen in Unternehmen werden durch eine computergestützte

Wandlung von einer funktions- zu einer prozessorientierten Organisation aufgebrochen.
- Verschiedenste IT-Tools versuchen unterschiedliche Bereiche der betrieblichen Value Chain abzudecken (z. B. Kunden = Customer-Relationship-Management CRM, Einkauf = E-Procurement, Supply Chain Management aber auch Videoconferencing)

Beitrag

Das Internet ist inzwischen insbesondere ein effizientes Instrument für die Optimierung der Geschäftsprozesse und damit auch der Geschäftsbeziehungen von Unternehmen zu ihren Lieferanten und Partnern. Dieser sehr komplexe Bereich der Prozessoptimierung der gesamten betrieblichen Value Chain in Verbindung mit einer IT-Strategie wird aktuell in sehr vielen Studien und Artikeln in der Fachpresse, aber auch auf zunehmend gut besuchten Veranstaltungen diskutiert.

Um die Voraussetzungen zur erfolgreichen Realisierung der möglichen Erfolgspotenziale aus einer Re-Organisation eines Unternehmens hin zum E-Business zu verdeutlichen, können die organisatorischen Notwendigkeiten, die aktuellen

Trends, sowie einzelne beispielhafte Anwendungsfelder und praktische Fälle betrachtet werden.

Um erfolgreiches E-Business, also die Digitalisierung der gesamten Wertschöpfungskette, zu betreiben, bedarf es optimierter Prozesse - von der Lagerhaltung über die Verarbeitung bis zu Marketing und Vertrieb - die sich digitalisiert abbilden lassen und somit eine Steigerung der Unternehmens-Effizienz ermöglichen.

Die Beschleunigung der Geschäftspozesse mit Hilfe der IT birgt ein hohes Optimierungspotenzial

Die Integration von IT-Technologie kann letztendlich nur dann positive Effekte erzielen, wenn das Unternehmen seine Geschäftsprozesse solide definiert und in einem kompletten ERP-System (Enterprise Ressource Planning) abbildet. Ein solches benötigtes System geht in seiner Reichweite über ein gewöhnliches Warenwirtschaftssystem hinaus, da es eine abteilungs- und funktionsübergreifende Informationsdatenbank darstellt, mit der tagesgenau Informationen wie Auftragsstatus, Lagerbestand und eine Gewinn- und Verlustrechung erstellt werden können. Darüber hinaus muss dieses System in allen Modulen über offene Schnittstellen verfügen, um sinnvoll mit Internet-Technologie verknüpft werden zu können.

Die häufigste Motivation für Investitionen in E-Business sind heute die Bereiche Kundenbindung, besserer Service, Prozessoptimierung und Kostensenkung, wohingegen Ansätze zur Erschließung neuer Geschäftsmodelle kaum zum Tragen kommen. Daher sind E-CRM-Projekte sowie E-Procurement zusammen mit der Verknüpfung mit Partnern über Extranet und Portale die häufigsten Antriebsfedern.

Es herrscht immer noch Skepsis, im Hinblick auf die hohen Kosten, die fehlende Sicherheit und hinsichtlich zu erzielender Erfolgspotenziale, was auch in fehlendem Know-how bezüglich der Technologie begründet ist, insbesondere bei kleinen und mittelständischen Unternehmen. Darüber hinaus haben insbesondere Mittelständler derzeit andere Probleme wie Kostendruck, Globalisierung, Eigenkapitalmangel und die verschärfte Kreditvergabe-Praxis der Banken. Das beeinträchtigt das Nachdenken über mögliche Strategien, trotzdem können durch die erfolgreiche Einführung Wettbewerbsvorteile aufgrund gefestigter

Geschäftsbeziehungen und neu erschlossener Märkte erzielt werden. (1)

Bevor in teure IT-Tools investiert wird, müssen erst die Geschäftsprozesse optimiert werden, um das mögliche Erfolgspotential zu sichern

Viele Integrationsprojekte scheitern daran, dass die strategische Ausrichtung des Unternehmens nicht im Fokus der Arbeit eines Re-Engineering des Unternehmens steht. Darüber hinaus wird die Bedeutung organisatorischer Veränderungen im Unternehmen, die notwendig sind, um sämtliche Optmierungspotenziale nutzbar machen zu können, unterschätzt.

Die erfolgreiche Integration von IT in die Geschäftsprozesse sollte vom Phasenablauf her aufgeteilt sein in

1. Strategieentwicklung
2. Organisationsentwicklung (Aufbau/Ablauf)
3. Personalbesetzung

4. IT-Ausrichtung

Hingegen werden die meisten Projekte in der Reihenfolge

1. Organisations- und Personalfragen
2. IT
3. Strategie

abgearbeitet. (2)

Aufbruch gewohnter Strukturen

Immer noch sind die Hierarchiestrukturen in Unternehmen stark funktionsbezogen aufgebaut. Der mögliche Einsatz aber von z. B. Workflow-Tools und den gesamten anderen möglichen Tools, die die gesamte Prozess- und damit Wertschöpfungskette eines Unternehmens optimieren können, kann aber unter diesen funktionalen Strukturen nicht gelingen.

Nur wenn die Unternehmen ein konsequentes Business-Process-Re-Engineering starten, ohne auf funktionale oder personelle Belange Rücksicht zu nehmen, kann eine prozessorientierte Value Chain eingeführt werden, die dann im nächsten Schritt durch eine geeignete IT-Infrastruktur effizient gestaltet wird, um die vielfältigen zukünftigen notwendigen Ziele auch erfolgreich umsetzen zu können.

Diese Prozesskette darf auch nicht an den Grenzen des Unternehmens enden, wenn sie die gesamte Wertschöpfungskette eines Produkts oder einer Dienstleistung gemäß den Marktanforderungen optimieren soll. So kann eine IT-basierte Öffnung des Warenwirtschaftssystems zu den Kunden oder Lieferanten notwendig sein, um z. B. einen kontinuierlichen "externen" Zugriff auf Lagerbestände zu ermöglichen.

Beispiele für Anwendungsfelder von IT-Tools

CRM:

Customer Relationship Management (CRM) stellt einen ganzheitlichen Ansatz dar, in dem abteilungsübergreifend über alle Bereiche mit Kundenkontakt (Marketing, Vertrieb, Kundendienst, Forschung und Entwicklung) sämtliche kundenbezogenen Kommunikationskanäle (Fax,

Telefon, E-Mail, Web-Site, u. a.) integriert und optimiert werden.

Ziel ist es, den Kontakt mit dem Kunden zu intensivieren. Eine beispielhafte Funktionalität ist z. B: ein sogenannter Callback Button im Internet, mit dem der Kunde direkt mit dem Kundendienst verbunden wird.

E-Commerce:

Wesentliche Erfolgsfaktoren für E-Commerce-Anbieter sind:
-Die Verknüpfung von Online- mit Offline-Geschäft, sogenannte Multichannel-Strategien, da viele Firmen in ihrem Offline-Geschäft bereits über einen bekannten Markennamen verfügen und somit Marketing-Gelder sparen und über Know-how in Sachen Versandhandel und Logistik verfügen
-Kostenkontrolle, d. h. die Ausgaben für Marketing sollten 10% vom Umsatz nicht übersteigen. Sinnvoll für eine zielgruppengenaue Ansprache können z. B. Partnerschaften mit Portalen oder Content-Anbietern sein.
-Website-Funktionalität (Ladezeiten, Navigation)
-Kundenpflege
-Service. (3)

"Status-Tracking" und Retourenmanagement:

Heute ist das "Status-Tracking" von Lieferungen bei allen größeren Logistikunternehmen schon bekannt. In Zukunft wird aber auch ein effizientes Retourenmanagement an Bedeutung gewinnen, welches über die reine Rücksendung von Waren im Business-to-Consumer-Bereich hinausgeht, z. B. organisierten Rückrufaktionen. Gerade im E-Business verlangen derartige Lösungen nach effizienten Arbeitsabläufen und modularen Software-Lösungen, die sich in das Inter-/Intranet und das Warenwirtschaftssystem des Kunden nahtlos integrieren lassen, um diesen "Added Value" für den Kunden zu ermöglichen.

Videokonferenzsysteme:

Ablaufprozesse können auch durch den Einsatz von Videokonferenzsystemen beschleunigt werden, die darüber hinaus auch den Vorteil der Reisekostenersparnis bergen. Entsprechende Investitionskosten haben sich schnell amortisiert. Ein Nachteil derartiger Systeme ist insbesondere die mangelnde soziale Komponente. Daher ist ein gänzliches Streichen von Dienstreisen also sicher nicht empfehlenswert. Auf Arbeitsmeeting-Ebene stellen die unterschiedlichen Systeme aber ein gutes Tool zur Effizienzsteigerung dar. (4)

Fallbeispiele

Bei einer Befragung von 190 Unternehmen gab rund die Hälfte an, mit dem Verkauf von Waren oder Dienstleistungen über das Internet profitabel zu arbeiten. (3)

In einer Studie über den Einführung von CRM-Systemen wird aufgezeigt, dass durchschnittlich gut 70% der Projektkosten von Hard- und Software verursacht werden und nur 10% auf die Entwicklung tragfähiger CRM-Strategien aufgewandt werden. Dieses sehen die Analysten als Hauptursache dafür, dass etwa 80% aller CRM-Projekte ihre Ziele nicht erreichen. (2)

Ein erfolgreiches Beispiel für vernetzte Produktionsstätten ist die Partnerschaft zwischen Ford in Köln und der Lackierfirma Eisenmann, die **im** Ford-Werk auf eigener Anlage und auf eigene Rechung PKWs lackiert. Ford spart so sämtliche

Betriebskosten und das Personal. (6)

Laut einer Marktforschungsstudie des Institutes Technoconsult im Januar 2000, nutzten 32% der mittelständischen Unternehmen E-mail als Kommunikations-Tool, 45% hatten eine eigene Web-Site, aber nur 7% der Unternehmen boten ihre Waren im Internet an (E-Commerce). (8)

Der KarstadtQuelle-Konzern hat im abgelaufenen Geschäftsjahr 814 Millionen Euro in seinem E-Business-Bereich umgesetzt. Im laufenden Jahr wird ein Umsatz von 1,2 Milliarden EURO erwartet und für 2003 1,5 Milliarden EURO.

Auch der liberalisierte Strommarkt erkennt, dass nicht mehr allein das Preisargument ausreichend ist, Kunden zu gewinnen und zu halten. Zukünftiges Ziel muss es sein, die Strategien stärker auf die spezifischen Anforderungen der Kunden auszurichten. Hierfür ist die Einführung geeigneter CRM-Instrumente inklusive einer Verlängerung der Wertschöpfungskette durch "Multi Utility"-Angebote (z. B. Angebot von Strom, Wasser, Mineralöl, Entsorgung und Telekommunikation aus einer Hand) eine erfolgversprechende Strategie. Am Beispiel Großbritanniens zeigt sich, dass der Anteil der Kunden, die den Stromanbieter wechseln, von 2000 auf 2001 um 35% gestiegen ist. Häufigster

Wechselgrund waren "Multi-Utility"-Angebote, die auch den hiesigen Stromkonzernen helfen könnten, ihre zukünftige Ertragslage zu sichern oder zu verbessern, da mit Strom allein in Zukunft nicht genug Geld verdient werden kann. (9)

Um kleine und mittlere Unternehmen bei ihrer Einführung von E-Commerce-Lösungen in der Auswahl der geeigneten E-Business-Strategie zu unterstützen, bietet der Bayerische Forschungsverbund Wirtschaftsinformatik auf seiner Homepage ein Programm "Aeneis" an, welches den Auswahlprozess deutlich verbessern soll und den Beratungsaufwand reduzieren hilft. (10)

Eine weitere Plattform, die den Erfahrungsaustausch zwischen Führungskräften, Projektleitern und IT-Verantwortlichen im Bereich E-Business verbessern will, ist der im Januar 2002 gegründete Verein e-Think Tank e. V.. (11)

Um die Ungewissheit darüber, was auf ein kleines oder mittelständisches Unternehmen - welches sich keine Beratung durch Häuser wie KPMG, Arthur Andersen oder andere leisten kann - bezüglich organisatorischer und finanzieller Faktoren zukommt, hat Cisco ein modulares Lösungskonzept genau für diese Zielgruppe entworfen.
Stufenweise können die Bedarfe angepasst werden.

-Stufe 1: E-Mail
-Stufe 2: Website
-Stufe 3: E-commerce
-Stufe 4: Integration der Geschäftsprozesse, E-Business
-Stufe 5: Internet in Perfektion Ecosystem. (8)

Die bayerische Staatsregierung hat mit der Einführung des Virtuellen Marktplatzes Bayern versucht, die Unübersichtlichkeit des World Wide Web gerade für kleinere und mittlere Unternehmen zu verringern. Das Projekt "baynet", welches von einem Technologiekonsortium der Siemens Business Services und SAP in der VMB "Virtueller Marktplatz Bayern GmbH" betrieben wird, versucht die Intransparenz insbesondere für die drei Zielgruppen "Bürger", "Unternehmen" und "Behörden" in Form eines bayernweiten Portals zu verringern. Strukturiert ist dieses Portal nach dem "Lebenslagen-Konzept", in dem der Nutzer Leistungsangebote von Staat und Wirtschaft zu einer bestimmten Situation oder einem konkreten Problem angezeigt bekommt. (8)

In der Automobilbranche gibt es vielfältige Überlegungen, das heute gängige "Build-to-Stock"-Verfahren (BtS = Fertigung auf Lager) durch ein "Build-to-Order"-Verfahren (BtO = Auftragsfertigung) zu ersetzen, um die weltweite Kapitalbindung in automobile Lagerbestände von 300

Milliarde Euro zu verringern. Die Lagerfertigung verursacht im Durchschnitt einen Kostensatz von 2600 Euro je Fahrzeug. Allerdings ist es fraglich, ob eine Auftragsfertigung mit deutlich verringerten Lagerbeständen und verkürzten Bestellzeiten wirklich zu den erwünschten Einsparerfolgen führt.
Die unterschiedlichen Kaufgewohnheiten in den einzelnen Märkten zeigen, dass bereits in Deutschland 50-60% der Kunden (insbesondere bei Premiummarken) ihr Wunschauto bestellen und zur Inkaufnahme einer mehrmonatigen Lieferzeit bereit sind. In den USA liegt der Anteil der Bestellungen für Autos z. B. bei unter 10%.
Die Mercer-Berater kommen zu dem Schluss, dass in den USA bei einer Einführung von BtO-Modellen Einsparungen von etwa 1550 Euro je Fahrzeug im Vergleich zu 850 Euro in Deutschland möglich wären. Die eigentlichen Optimierungspotenziale in der Automobilindustrie bei Einführung eines E-Business-Konzeptes würden vielmehr an anderen Stellen verstärkt auftreten. Es würden nicht eine große Zahl von Händlern wegfallen, da zwar 50% der Kunden das Internet zur Kaufentscheidung nutzen, aber nur 3% direkt über das Internet bestellen würden. Vielmehr könnten Optimierungspotenziale im verbesserten Zugang zur Kundenbasis erkannt werden.

Weiterführende Literatur

(1) Studie zu e-business, Internet-Geschäft sollte auch im Osten Chefsache sein Einzelne Regionen stark, Mitteldeutsche Zeitung, 11.05.02
aus wissensmanagement, Heft 2, 2002, S. 51

(2) Erfolgreiches CRM: Worauf kommt es an?
aus Direkt Marketing, Heft 5/2002, S. 26-31

(3) Eiserne Regeln für den E-Erfolg
aus werben & verkaufen Nr. 15 vom 12.04.2002 Seite 058

(4) VIDEOCONFERENCING Beschleunigte Unternehmensprozesse
aus IT Business, Heft 14/2002, S. 13

(5) Am liebsten wird in die Verbesserung der kundenbezogenen Abläufe investiert. Prozesse lassen noch zu wünschen übrig, Computerwoche, Nr. 15, 12.04.2002, S.48
aus IT Business, Heft 14/2002, S. 13

(6) Logistiksteuerung, Prozessdenken schützt vor Supply-Chain-Flops, Computer Zeitung, Heft 18, 2002, S. 11
aus IT Business, Heft 14/2002, S. 13

(7) In Deutschland stehen fast alle E-Business-Projekte auf dem Prüfstand
aus Frankfurter Allgemeine Zeitung, 17.06.2002, Nr. 137, S. 23

(8) E-Business-Anwendungen und die Notwendigkeit

des Umdenkens im Controlling (I)
aus Betrieb und Wirtschaft, Heft 10/2002, S. 397-403

(9) Stadtwerke entdecken Systeme zur Kundenbindung Customer Relationship Management gilt als Schlüsselinstrument im liberalisierten Strommarkt · Preisargument zieht nur noch selten
aus FTD Financial Times Deutschland vom 16.04.2002, Seite BE6

(10) www.forwin.de
aus FTD Financial Times Deutschland vom 16.04.2002, Seite BE6

(11) www.e-ThinkTank.de
aus FTD Financial Times Deutschland vom 16.04.2002, Seite BE6

Impressum

Prozessorientierte Organisationsentwicklung mit Hilfe von IT

Bibliografische Information der deutschen Nationalbibliothek

Die Deutsche Nationalbibliothek verzeichnet diese Publikation in der deutschen Nationalbibliografie; detaillierte bibliografische Daten sind im Internet über http://dnb.d-nb.de abrufbar.

ISBN: 978-3-7379-0859-7

© 2015 GBI-Genios Deutsche Wirtschaftsdatenbank GmbH, Freischützstraße 96, 81927 München, www.genios.de

Alle Rechte vorbehalten. Dieses Werk ist einschließlich aller seiner Teile – z.B. Texte, Tabellen und Grafiken - urheberrechtlich geschützt. Jede Verwertung außerhalb der Grenzen des Urheberrechtsgesetzes bedarf der vorherigen Zustimmung des Verlags. Dies gilt insbesondere auch für auszugsweise Nachdrucke, fotomechanische

Vervielfältigungen (Fotokopie/Mikroskopie), Übersetzungen, Auswertungen durch Datenbanken oder ähnliche Einrichtungen und die Einspeicherung und Verarbeitung in elektronischen Systemen.